LA

COMMUNAUTÉ DES MOULINS

ET DES FOURS

AU MOYEN AGE

(A L'OCCASION D'UN RÉCENT ARTICLE DE M. THÉVENIN)

PAR

PAUL VIOLLET

Extrait de la *Revue historique*
Tome XXXII, 1886.
(*Les tirages à part ne peuvent être mis en vente.*)

PARIS
1886

LA
COMMUNAUTÉ DES MOULINS
ET DES FOURS
AU MOYEN AGE

(A L'OCCASION D'UN RÉCENT ARTICLE DE M. THÉVENIN)

PAR

PAUL VIOLLET

Extrait de la *Revue historique*

Tome XXXII, 1886.

(Les tirages à part ne peuvent être mis en vente.)

PARIS
1886

COMMUNAUTÉ DES MOULINS ET DES FOURS

AU MOYEN AGE

(A L'OCCASION D'UN RÉCENT ARTICLE DE M. THÉVENIN).

I. PRÉAMBULE. — VUE D'ENSEMBLE.

Personne n'est plus disposé que moi à accueillir les rectifications et les critiques. Cependant, malgré ma bonne volonté, je ne saurais souscrire à toutes les conclusions de l'article de M. Marcel Thévenin, intitulé : *Études sur la propriété au moyen âge. La propriété et la justice des moulins et fours* [1].

La propriété des moulins et des fours ! Le sujet paraît, à première vue, mesquin, insignifiant. Mais, qu'on ne l'oublie pas, cette enquête se rattache à l'étude de grands et difficiles problèmes : c'est une page détachée d'un chapitre fondamental de l'histoire sociale et économique.

J'apprends que nous envisageons, M. Thévenin et moi, sous un jour tout différent, les origines sociales, économiques et, en partie, les origines juridiques. En ce qui me concerne, j'ai parlé, à diverses reprises, de la communauté des moulins et des fours. M. Thévenin s'est occupé, à son tour, de l'histoire des banalités et il est arrivé à des conclusions opposées aux miennes.

Voici en quels termes mon érudit contradicteur, visant mes travaux, récapitule ses propres recherches :

« En résumé, d'après les chartes comme d'après les coutumes…,
« il n'est jamais question de communauté et pas une charte ne con-
« tient un mot qui permette de supposer que la propriété des mou-
« lins et fours ait jamais eu un caractère collectif. »

J'ai relu ces lignes à plusieurs reprises, ne pouvant en croire mes yeux. Cependant elles sont écrites et, de plus, elles donnent une idée juste de l'article de M. Thévenin et expriment bien sa pensée.

---

1. *Revue hist.*, juillet-août 1886.

Comment donc mon savant critique, qui s'est occupé particulièrement de la question, a-t-il eu la mauvaise chance de passer à côté
des textes nombreux qui nous mettent directement en présence de la
communauté des fours et des moulins ? Je lui donnais, dans mon
Précis, plusieurs indications, mais il ne l'a pas ouvert au bon
endroit et il a oublié de chercher à la table le mot *Banalités*.

Avant d'aborder le sujet du présent article, je me permets de rappeler, bien que cette précaution soit inutile pour ceux qui m'ont lu,
que je suis loin de considérer toutes les banalités seigneuriales, tous
les fours et tous les moulins féodaux comme dérivés de moulins et de
fours antérieurement communs[1]. Je soutiens tout simplement que
certains fours et certains moulins ont été communs et je pense que
tels de ces établissements ont passé des mains de la communauté en
celles du seigneur. J'ajoute que les droits de la communauté restent
parfois très sensibles et encore apparents en présence des droits seigneuriaux ou en présence des droits privés.

Telle est ma thèse; mais c'est à regret que je prends la plume pour
la défendre; je me résous avec peine à traiter ce sujet restreint, ce
fragment d'un tout très large. Ces coupures arbitraires me répugnent.

Le sujet que je vais effleurer se rattache à la fois à l'histoire des
droits sur les cours d'eau et à ces traditions d'étroite solidarité qui
faisaient jadis d'un groupe d'hommes une communauté unie d'une
manière très apparente, pour la satisfaction des mêmes besoins et en
vue des mêmes intérêts[2]. La connexité des idées appellerait, à la
suite d'une étude sur les fours et les moulins communs, un aperçu
des réglementations municipales en matière de meunerie et de boulangerie et quelques notions sur l'histoire des taxes.

Dans cet ensemble où les idées se tiennent et s'enchaînent, où les
faits s'expliquent les uns par les autres, il est fâcheux de s'attacher
à un détail artificiellement isolé. Et, pour moi, cela est d'autant plus
délicat et difficile que je dois me préoccuper de dissiper les graves
méprises historiques, qui sont le point d'arrivée et comme le couron-
nement des « Études sur la propriété au moyen âge » de M. Thévenin, plus encore que d'exposer dans tous ses détails l'histoire des
fours et des moulins communs ; je ne dirai que l'essentiel et je devrai,
par conséquent, éliminer plusieurs séries de documents dont l'étude
est délicate, quoique très intéressante et très instructive. Voulant don-

---

1. Cf. mon *Précis de l'hist. du droit français*, pp. 610, 611.
2. Dans un exposé complet, il faudrait rappeler que les moulins à eau sont
relativement modernes, bien que déjà Vitruve les connaisse et les décrive. Il
y aurait donc ici des nuances à indiquer, des transitions à faire sentir.

ner à cette démonstration le caractère le plus simple, voulant par-
dessus tout dissiper une erreur, je choisirai des textes limpides et
j'exposerai sans discuter.

Je voudrais, en commençant, donner une idée générale de l'état
des choses dans un pays où existe la communauté des fours et des
moulins : un tableau de ce genre a été tracé pour la Provence, au
xviie siècle; je le transcris ici, car il nous fournit une vue d'ensemble,
telle que n'en donnent jamais les documents du moyen âge : la
situation, d'ailleurs, n'a rien de neuf; ces habitudes traditionnelles
ont traversé les siècles :

« En plusieurs bourgs et villages de cette province, écrit J. Morgues,
« les fours et moulins appartiennent aux seigneurs et sont bannaux.
« En quelques autres lieux, lesdits [1] fours et moulins appartiennent
« aux communautez tant seulement, lesquelles les ont rendus ban-
« naux entre les habitans par les assemblées de leur conseil. En
« quelques autres lieux, ils appartiennent aux seigneurs et commu-
« nautez par indivis, et sont possedez avec bannalité. En quelques
« autres, les seigneurs et les communautez ont des fours et moulins
« non banneaux. En quelques autres, le four appartient au seigneur
« et est bannal, et le moulin aux communautez, et *à contra*. Et en
« quelques autres, les fours et moulins appartiennent promiscuément
« aux seigneurs, communautez et particuliers des lieux, et il est loi-
« sible ausdits seigneurs, communautez et particuliers d'en faire
« edifier, et cette commune liberté se rencontre notamment ès villes
« royales [2]. »

De l'ensemble passons au détail et, sans pénétrer dans les dédales
de la jurisprudence, signalons et nommons quelques fours et quelques
moulins communaux; indiquons aussi certains droits caractéristiques, appartenant aux communautés.

II. Fours et moulins communs. — Certains droits de la communauté sur quelques fours et moulins seigneuriaux ou privés.

Je parlerai tout d'abord de moulins bien connus, car leur histoire
figure dans les recueils les plus usuels; elle jette une vive lumière
sur notre sujet. Je songe aux moulins de Fossano (États Sardes) :

Dans la première moitié du xiiie siècle, Fossano possédait (probablement de temps immémorial) des fours et des moulins communs :

1. Dans l'imprimé : « desdits. »
2. Jacques Morgues, *les Statuts et coustumes du pays de Provence commen-
tés*, Aix, 1658, p. 372.

en 1247, faisant un traité de paix et d'amitié avec un puissant voisin appelé Ruffinus de Sarmatore, cette commune lui céda un moulin et une part de moulin ; elle céda, en même temps, un four aux neveux de Ruffinus[1]. Rien n'indique que Fossano n'ait pas conservé la propriété d'autres fours et d'autres moulins non mentionnés dans l'acte. Au siècle suivant, en 1314, nous retrouvons le « commun » (*commune*) de Fossano, propriétaire de moulins qui furent cédés, cette année même, à Philippe de Savoie, prince d'Achaïe, devenu, en vertu du même acte, seigneur de Fossano. Ces établissements furent donc, à partir de ce moment, féodaux[2] ou seigneuriaux ; mais, en 1597, le seigneur les rétrocéda à la commune de Fossano et ils reprirent un caractère communal.

Il résulte de cet exposé que la transformation du moulin ou four commun ou communal en moulin ou four seigneurial n'est pas, en ce qui concerne Fossano, une hypothèse (légitime ou vraisemblable) ; c'est plus qu'une conjecture, c'est un fait certain et daté et qui a donné lieu à un contrat passé en bonne et due forme[3].

1. « Item dixerunt et pronuntiaverunt quod commune Fossani det domino « Ruffino et filiis ejus molendinum unum, scilicet partem illam quam habet com- « mune in uno molendino, et maxime illud molendinum quod est desuper « Infermeriam, quod tenet Raymundus molinarius, et quod est ad montatam « juxta viam ubi est fontana . . . . « Item nepotibus domini Ruffini, scilicet domino Petro Operto et domino Ardi- « tioni furnum unum quod est ad portam Sarmatoris. » (G. Muratori, *Memorie storiche della città di Fossano*, 1787, p. 159.) Cf. *Ibid.*, p. 161, mention de deux moulins et deux fours qui paraissent appartenir à Fossano. — Rien n'indique qu'un droit de justice quelconque soit dévolu à Ruffinus ou à ses neveux.

2. M. Thévenin n'aime pas ce mot *féodal;* ni moi non plus ; mais, pour se faire comprendre, il est utile de parler quelquefois comme tout le monde. M. Thévenin a-t-il jeté un coup d'œil sur les pages que j'ai consacrées dans mon *Précis* à l'histoire du fief et précisément au mot *féodal ?*

3. « Item dederunt et donaverunt dicti nominibus supradictis dicto domino « principi recipienti ut supra, quod dictus dominus princeps pro se et hære- « dibus suis habeat omnia molendina, totum molesum communis Fossani... « Item quod quaelibet persona de Fossano vel districtu..... teneantur molere seu « moli facere ad molendina dicti domini principis, et nulla persona ad alia « molendina molere possit, sub pœna et banno solidorum sexaginta Astensium « pro quolibet et qualibet vice ~ua contra fieret, et inde fiat capitulum speciale « per commune Fossani perpetuum et præcisum, quod tolli non possit..... « Item quod dictus dominus princeps et hæredes ejus possint etiam facere « prædicti molendina nova,... seu fieri facere ultra molendina quæ nunc sunt, « ad voluntatem ipsius domini principis, suis expensis, et etiam teneatur et « debeat facere, si necesse esset. » La commune de Fossano intenta un procès pour essayer de maintenir son moulin communal, son monopole communal, après la loi des 15-28 mars 1790, abolitive des banalités seigneuriales. Fossano n'eut pas gain de cause et la loi de 1790, interprétée par les tribunaux, emporta

Nous connaissons, en France, à Prayssas (Lot-et-Garonne), un four qui, au XIII° siècle, était tout à la fois commun et à demi seigneurial. Il appartient « à tous, » il est « commun, » proclame la coutume; toutefois c'est le seigneur qui l'administre et qui, à l'occasion, perçoit les amendes. Voici l'art. de la coutume qui affirme la communauté du four :

« 7. De las causas comunals à tots. — La costuma del castel es « aitals que la justizia es comunals, els forns comunals, el porter « comunals, el faur comunals tant quant en la fauria apartendra. »

On trouvera en note l'art. qui concerne les droits et les devoirs seigneuriaux sur le même four [1].

Ainsi la communauté du four incline dans cette coutume vers la banalité seigneuriale. Ailleurs, à Lons-le-Saulnier, le four et le moulin sont féodaux; mais, en fait, les préposés aux moulins et aux fours sont, aussi clairement que possible, les serviteurs de la communauté; car le seigneur, dans certains cas, est obligé de les destituer, si quatre prud'hommes l'en requièrent [2].

A Beauvais, dans la première moitié du XII° siècle, les moulins ne paraissent pas appartenir à la commune, mais celle-ci exerce sur ces établissements un contrôle rigoureux : elle pénètre très profondément dans leur organisation intérieure; elle va, en effet, jusqu'à limiter le nombre des employés du meunier; celui-ci ne doit avoir que deux *juniores ;* toute infraction à cette règle ou tout autre abus est réprimé par le maire et les pairs de Beauvais [3].

ainsi du même coup et les banalités féodales et les banalités communales. Ceci fut consommé en 1813. On fit valoir contre Fossano de déplorables arguties. Voyez Merlin, *Répert. de jurisprudence,* 5° édit., t. II, p. 399-423. Si la commune de Fossano perdit son menopole, en 1813, elle ne perdit pas ses moulins : elle les conserva encore neuf ans; ils furent vendus en 1822 (*Vendita di quattro molini..... di Fossano.* Torino, 1882, br. in-8° de 16 pages).

1. 35. « Dels forns. — Costuma es el castel qaels senhors devou aver lo forn « o forns tant quant mester aura el castel, els devo tener garnitz e aparelhatz « be e gent de fornes e de messatges e d'autres aprelhs be e gent, e devon far « coere lo pa levat dels caslas ab .xiij. pa be e ge , e sil pa s'afolava per colpa « del forner, los senhors o devo esmandar e negu casla no deu cozer son pa « levat en autre loc ni devis trapa, e si o fazia, pagnaria .v. sols de gatge als « senhors, si no era causa que per fauta del forn dels senhors coires en autre « loc son pa levat. » Voyez Noulliez, *Coutumes de Prayssas* (juin. 1266), dans *Revue hist. de droit français et étranger,* p. 137, 146.

2. « Et se ly mounier ou la fournier estably de nous ou de notre commande-« ment en nos mollins ou en nos fourgs soient acculpéz et prouver (*sic*) de aul-« cung meffait, au requis de quatre prud'hommes dudit lieu, nous leur devons « changer à aultres qui soient prud'hommes et souffisans, toutes fois que nous « en serons requis ou notre commandement. » (Charte de Lons-la-Saulnier, de 1293, dans Tuetey, *Étude sur le droit municipal en Franche-Comté.*)

3. « In uno quoque etiam molendinorum duo juniores tantum erunt : quod

A Hanhofen et à Bischviller (Alsace), les moulins sont, au
xv° siècle, propriétés privées; mais ces propriétés privées sont gre-
vées de droits bien caractéristiques; non seulement les meuniers ou
propriétaires des moulins doivent une redevance aux seigneurs, mais
ils en doivent une autre aux tenanciers héréditaires de ces petites localités; en outre, tout pauvre homme peut, dans certains cas prévus,
lâcher les eaux et mettre lui-même le moulin en mouvement pour
moudre sa farine; ce n'est pas là une tolérance, c'est un droit ins-
crit dans la coutume [1].

Ce que je viens de dire suffit à la rigueur; j'ai, en effet, indiqué
des moulins et des fours communaux; j'ai signalé des moulins et des
fours devenus féodaux de communaux qu'ils étaient antérieurement;
j'ai enfin montré les droits de la collectivité très apparents sur certains moulins non communaux : néanmoins, il peut être avantageux
d'éclairer la religion du lecteur par un plus grand nombre de faits
et d'exemples; ceux qui suivent me paraissent mettre bien en relief
les droits de la communauté :

La très ancienne coutume de Strasbourg, coutume antérieure à
l'organisation municipale de la ville [2], proclame, en ces termes, les
droits des bourgeois sur les moulins : « Nul moulin ne pourra être
« construit sans une permission du burgrave (officier de l'évêque) et

« si aliquis plures juniores vel alias malas consuetudines in molendinis impo-
« nere voluerit, et inde clamor ad pares venerit, adjutores ei erunt qui inde
« clamaverit, et secundum deliberationem ipsorum [justiciam facient]. » Cet
art. figure dans la charte de Louis VII pour Beauvais (1144-1145). Il est vrai-
semblablement copié sur la charte antérieure de Louis VI (charte perdue). Il
se retrouve dans la charte de Philippe-Auguste de 1182. Cf. Loisel, *Mémoires
des pays,... comté et comtes de Beauvais et Beauvaisis.* Paris, 1617, pp. 272,
280, 283; Giry, *Documents sur les relations de la royauté avec les villes en
France,* p. 9.

1. « Ein yeglich Müle uff der Rotbach git ouch den Banherren, alle Jare, .ij. Cap-
« pen, und den erbern Lûten .iiij. d. uff s. Martins Tag, und dem Meyger ein
« Vierteil Wins mittel Win, uszgenomen die nyderste Müle, die git den Banher-
« ren .iij. Cappen, und den erbern Lûten .viij. d., und dem Meyger .ij. Vierteil
« Wins uff s. Martins Tag. — Wer es ouch das ein Arman ungeverlich Korn uff
« einer Mülen het, das man malen solte, und hette der ein Nacht Teyg das des
« Meles warten und verderben muoste, im würde dann Mele, so mag der
« Arman die nechste Müle oberthalp der Mülen do das Korn uff ist uffziehen,
« und das Wasser bruchen. Und darnach die andere ouch, und ouch die dritte,
« ouch uff ziehen untz ime Wassere genuog wurt ungeverleih, und soll damit
« nit freveln.... » (Cout. de Bischwiller et Hanhofen, art. 30, 36, dans Hanauer,
Les constitutions des campagnes de l'Alsace au moyen âge, pp. 329-331.)

2. Non pas que, suivant cette très ancienne coutume, les bourgeois soient
destitués de tout droit : ils participent à la nomination de l'*advocatus* (art. 43);
mais il n'y a pas encore de *magistri* et de *consules;* c'est ce que j'appelle
l'organisation.

« sans le consentement des bourgeois [1]. » Cette loi est observée si rigoureusement que l'évêque même de Strasbourg ne peut donner à l'hôpital de la ville un emplacement où s'élèvera un moulin, sans le consentement des bourgeois, *communi consensu burgensium* (avant 1144) [2].

Au xviii° siècle, Strasbourg possédait plusieurs moulins communaux ; l'un d'eux, moulin monumental à huit roues, était, semble-t-il, une des curiosités de la ville [3].

Que dire de Mulhouse ? Mulhouse, dont le nom même rappelle l'idée de moulin, fait son entrée dans l'histoire par une revendication audacieuse de ses droits sur les moulins. Le roi des Romains, Henri, qui gouvernait l'Allemagne pendant que son père, Frédéric II, résidait en Italie, s'était avisé (avant 1236) d'accorder à une maison de l'Ordre Teutonique le droit d'édifier un moulin dans les eaux de la ville de Mulhouse, *in aqua civitatis ;* le diplôme du roi des Romains fut lu devant le peuple dans l'église de Mulhouse ; cette lecture souleva l'indignation générale ; les bourgeois tinrent une assemblée et, d'un commun accord, ils se résolurent à braver à la fois l'Ordre Teutonique et le roi des Romains ; ils firent donc construire un moulin commun sur l'emplacement même qui venait d'être accordé à l'Ordre Teutonique [4].

---

1. « Quicumque molendinum facere voluerit, licentiam a burcgravio et consen-
« sum burgensium querat. Quibus duobus habitis, aureum nummum burcgravio
« dabit » (très anc. coutume, art. 84, dans *Urkundenbuch der Stadt Strassburg*, t. Ier, par Wiegand, p. 473). La date de ce précieux document est incertaine. Ch. Giraud datait la très ancienne coutume de l'an 980 environ ; Gaupp la plaçait au xi° siècle ; le dernier éditeur, Wiegand, adopte une opinion plus récente, suivant laquelle cette coutume serait postérieure à 1129. Entre autres études sur la très ancienne coutume de Strasbourg, on peut lire Arnold, *Verfassungsgeschichte der deutschen Freistædte*, Hamburg, 1854, t. Ier, p. 85 et suiv. ; Winter, *Geschichte des Rathes in Strassburg*, Breslau, 1878, p. 17 et suiv. (Gierke, *Untersuchungen*, 1re livr.). Cf. sur les meuniers à Strasbourg, même coutume, art. 44, 98, 115. L'art. 84 n'exclut pas l'existence de moulins privés à Strasbourg : il en prévoit, au contraire, et en réglemente la fondation. Voyez des mentions de moulins appartenant à des particuliers dans Wiegand, *ibid.*, p. 183, acte de 1233 ; dans *Urkundenbuch*, t. III, par Schulte, p. 160, acte de 1303.

2. Ce fait nous est attesté par une charte de 1143 dans Wiegand, *Urkundenbuch der Stadt Strassburg*, t. Ier, p. 71, n° 90.

3. Schœpflin, *Alsatia illustrata*, t. II, 1761, pp. 305, 336, 337.

4. « Universi burgenses in Mulhusen notum esse volumus omnibus tam pre-
« sentibus quam futuria, presentem paginam inspecturis : Quod dominus noster
« Heinricus, Romanorum rex, pro anime sue salute et in Terre Sancte subsi-
« dium, fratribus hospitalis Sancte Marie domus theutonice apud civitatem nos-
« tram Mulenhusen libertatem contulit in aqua civitatis ejusdem molendinum
« construendi et, ad confirmacionem ejusdem doni sui, litteras suas sigillatas

Et ceci avait lieu environ soixante ans avant que les habitants de Mulhouse eussent obtenu leur première coutume communale (Adolphe de Nassau, 1293) : la ville n'avait pas encore le droit de sceau : « Mulhusen sigillum commune non habet. » Ainsi s'exprime la charte la plus ancienne, émanant des bourgeois de Mulhouse, qui nous soit parvenue; c'est celle même que je viens d'analyser.

A Dôle, en 1274, les grands moulins appartenaient au seigneur, mais la ville possédait plusieurs « batours... pour batre escorces et autres « choses chenoues et draps, et quanques à batours appartient[1]. »

Au xve siècle, la coutume d'Aglie (États Sardes) avait son fournier commun, *fornarius communis*[2].

Au commencement du xviie siècle, la commune de Breil (Alpes-Maritimes) possédait trois fours; elle les vendit en 1635 et les racheta plus tard[3].

Au xviiie siècle, Liesse (Aisne) avait ses fours communaux[4].

« fratribus dictis dedit, que, dum in ecclesia Mulenhusen in publico legerentur, « grave nobis visum est. Unde, de comuni omnium consilio, in eodem loco « quem ipsi fratres occupaverant, molendinum construximus : post hec, in « adventu domini nostri Friderici, Romanorum imperatoris, predicti fratres « nobis significarunt quod suam injuriam eis a burgensibus ex hoc illatam « domino imperatori conqueri vellent et super hoc satisfactionem ab eo impe- « trara. Nos vero, super hiis habito consilio cum fratribus ante dictis, talem « fecimus composicionem, quod dimidietatem ejusdem molendini quod fecera- « mus in eorum prejudicium et in loco eis juste collato, ipsis et domui eorum « contulimus libere et in perpetuum possidendam : post hec vero, aliquo tem- « pore elapso, de unanimi omnium burgensium consilio, aliam medietatem sepe- « dictis fratribus vendidimus pro quadraginta duabus marcis argenti, et ita « molendinum supradictum integrum cum omnibus suis pertinenciis fratrum « domus theutonice esse recognoscimus. » (Acte de 1236 dans Mossmann, *Car- tul. de Mulhouse*, t. Ier, p. 5, n° 9.) Comme on le voit, l'Ordre Teutonique menaça la ville de la colère de Frédéric II et Mulhouse transigea : les bourgeois abandonnèrent gratuitement à l'Ordre une part de leurs droits sur le moulin et lui vendirent l'autre part : le moulin passa ainsi aux mains de l'Ordre Teuto-nique; et la ville, pliant devant la force, dut insérer, dans l'acte, cette espèce d'amende honorable : « in loco eis *juste* collocato. »

1. Charte de 1274, dans Tuetey, *Étude sur le droit municipal en Franche-Comté*, pp. 199, 200.

2. « De fornario et ejus officio. — Item statutum est quod fornarius commu- « nis teneatur et debeat bona fide forniare ad requisicionem cujuslibet postu- « lantis, excepto tempore ventoso quo tunc non presumat forniare, sine consensu « potestatis, sub pena sold. viginti et habeat pro qualibet fornata panes....... « et sic pro rata; et si panem vastaverit, teneatur ad emendam dapni passo, « absque nulla judicii dilacione » (*Statuti d'Aglie*, art. 22, dans *Monum. legali del regno sardo*, fasc. 4. Torino, 1856, p. 10).

3. L. Guiot, *les Droits de banalité dans le comté de Nice*, pp. 75, 80.

4. Combier, *Notice sur la communauté de Liesse*. Paris, 1873, pp. 63-65.

Au xviiie siècle, la fabrication du pain était encore, dans la commune de Pernes (Vaucluse), une affaire toute communale et municipale, ainsi que l'approvisionnement des grains [1].

Ajouterai-je que la loi des 15-28 mars 1790 (titre II, art. 24) a prévu elle-même l'existence de banalités « établies par une conven- « tion souscrite entre une communauté d'habitans et un particulier « non seigneur; » de banalités établies par une convention souscrite « par une communauté d'habitans et son seigneur? »

Il serait facile, enfin, de suivre jusqu'à nos jours l'histoire des fours communaux.

III. OBSERVATIONS CRITIQUES. — CONCLUSION.

Je voudrais, en finissant, appeler l'attention du lecteur sur une question délicate qui n'a pas été entrevue par M. Thévenin et qui ne pouvait pas l'être, puisqu'elle se rattache étroitement au fait même

---

1. STATUTS DE PERNES : 75. « De la ferme du manganage. — « Il a été capi- « tulé que la ferme du manganage se baillera et délivrera à la quatrième « enchère publique à celui qui en fera la condition meilleure, après la troisième « chandelle éteinte et la franque en sus . . . .
. . . . »

77. « Faire du pain. — Il est ordonné audit fermier de faire ou faire faire par « qui bon lui semblera du pain blanc, roussit et bis, pour l'usage et consom- « mation des habitans de cette ville et son terroir. . . . . »

78. « Les grains de la communauté. — Il a été statué que le fermier du man- « ganage et ceux ayant cause seront obligés de prendre et débiter les grains que « la communauté aura à vendre à toutes les volontés de messieurs les consuls, « au prix qu'ils se vendront, et on les payera tout de suite au sieur trésorier « sans aucun retardement; le pain qui proviendra desdits grains, la livre sera « vendue sur le tarif que messieurs les consuls donneront. »

79. « Obligations. — « Tout habitant de cette ville qui voudra travailler à la « boulangerie pourra faire du pain des trois qualités qu'on a dit ci-devant, en « observant les pactes de l'art. 78 au sujet des grains; il sera obligé de passer « acte audit fermier... Tous ceux qui seront obligés audit fermier..... payeront « douze sols patas pour chaque salmée grains qu'ils passeront au poids de la « farine..... »

80. « Défenses. — Il est défendu à toute personne qui ne sera point obli- « gée au fermier du manganage de vendre ni débiter aucune sorte de pain de « maison que ceux que les fourniers retirent de ceux qu'ils cuisent, pouvant « les vendre à qui on voudra, sans qu'il soit permis à ceux qui en auront « acheté de pouvoir le revendre aux habitans de cette ville et son terroir..... « Il est défendu et prohibé à toute personne de cette ville, même les étran- « gers, de vendre ni débiter à aucun particulier de cette ville et son terroir « aucune sorte de pain étranger, sans avoir auparavant convenu avec ledit fer- « mier. » (*Statuts municipaux de la ville de Pernes et son terroir*. Avi- gnon, 1769, p. 57-61.)

dont il n'admet pas l'existence : nous sommes en mesure d'affirmer qu'au moyen âge les communautés ont assez souvent acheté à des seigneurs des fours et des moulins : bien entendu, l'historien ne parvient pas à suivre, à travers les siècles, chaque four et chaque moulin communal; il est donc possible que tel four, tel moulin communal ait été autrefois acquis du seigneur par la communauté, sans que l'acte de cession nous soit connu.

Qu'on ne s'abuse pas, d'ailleurs, sur ces ventes de moulins et de fours par des seigneurs féodaux ou même par des souverains; nous pourrions citer, grâce aux obligeantes communications de M. Léonide Guiot, qui connaît admirablement l'histoire des bandites, des fours et des moulins dans le comté de Nice, un certain nombre de ventes de bandites, de fours et de moulins faites à des communautés par les comtes de Provence; mais il ne faut pas que la teneur de ces actes nous fasse illusion sur le fond des choses. Dans la pensée de M. Léonide Guiot, qui me communique ces documents, « il n'est pas « douteux que, primitivement, ce sont les *communautés d'habitants* « qui ont élevé et fait fonctionner les fours et moulins; mais aussi, « dès le début de la féodalité, ce genre de propriété a dû être frappé « d'impôts et de taxes d'une nature telle par le souverain qu'il s'en « est » considéré comme le propriétaire; s'il a, ensuite, cédé ses droits à des communautés, il l'a fait « par des actes qui ont toute l'appa- « rence d'une vente de propriété[1]. » J'ai déjà expliqué ailleurs que les souverains donnent bien volontiers ce qui ne leur appartient pas : à plus forte raison, ils le vendent. — Qu'on ne prenne pas cette observation en un sens trop vif et trop désobligeant pour les souverains du moyen âge[2]; j'en serais sincèrement peiné; car souverain ou État est, pour moi, tout un en effet et en tendance : la somme toujours médiocre de justice qui règne au sein d'une société tient fort peu à l'étiquette de son gouvernement.

Après cet exposé, qui, certes, n'épuise pas la matière, M. Thévenin m'excusera, si je m'abstiens de discuter avec lui le sens de la *Loi des Bavarois* (I, ix, 2); j'ai cité cette loi et je crois l'avoir comprise;

---

1. Il est possible aussi que les agents de l'autorité aient exercé dès l'origine une juridiction sur les fours et les moulins publics ou communs. Enfin je rappelle pour mémoire ce que j'ai dit ailleurs des fours et moulins construits par des propriétaires sur leurs domaines : les populations de ces domaines, devenues libres, ont pu acheter tel four, tel moulin.

2. D'ailleurs, à ma connaissance, le roi de France a quelquefois fait construire des fours dans des localités jouissant de la liberté, au moment de la construction de ces fours. — Le caractère public se révèle ici encore, mais d'une autre manière et d'une façon moins précise, car le roi est aussi un grand propriétaire.

j'y entends le mot *publicus* comme l'entendent les latinistes et les jurisconsultes et je pourrais établir que ce sens parfaitement régulier, qu'on retrouve notamment dans l'expression *Frumenta publica*, n'était pas évanoui au temps de la *Loi des Bavarois;* qu'il a persisté après cette loi; qu'il s'est maintenu dans la langue française jusqu'à nos jours; il me semble aussi qu'on pourrait discuter avantageusement sur le sens du mot *fabrica* dans la même loi, sens que M. Thévenin ne paraît pas avoir scruté très attentivement; je me persuade enfin qu'outre la *Loi des Bavarois* (la seule loi barbare que j'aie citée), on pourrait invoquer la *Loi des Wisigoths* (VIII, IV, 30). Mais ces observations et bien d'autres que je serais tenté de coucher sur le papier ressembleraient à une discussion; à quoi bon discuter et disserter savamment, lorsque les textes parlent d'eux-mêmes avec tant de clarté? Après tout, le temps est précieux, même pour les érudits[1]. J'ai donc laissé systématiquement de côté tout ce qui pourrait sentir la discussion[2]; j'ai voulu montrer simplement à M. Thévenin, dans des documents ouverts et limpides, cette communauté des moulins et des fours qu'il déclare avoir cherchée dans la France entière, sans jamais la trouver. J'en ai dit assez pour que le lecteur puisse maintenant apprécier la solidité des conclusions de mon savant contradicteur, suivant lequel il n'est jamais question de communauté; suivant lequel « pas « une charte ne contient un mot qui permette de supposer que « la propriété des moulins et fours ait jamais eu un caractère col« lectif. »

La discussion et les conclusions de M. Thévenin ont tracé à ma

---

1. Certes les moulins privés sont fort anciens et il est parfaitement inutile d'en donner une quantité d'exemples; mais encore faut-il apporter dans ces recherches une grande prudence : je n'ai vérifié aucune des citations de M. Thévenin et je les crois toutes parfaitement exactes; mais je pourrais citer (d'après des recueils que M. Thévenin n'a pas abordés) tels moulins qui sont vendus et échangés entre particuliers au commencement du XIIe siècle, mais qui portent encore, pour un œil exercé, la marque de leur caractère commun primitif. On s'y tromperait facilement.

2. Je ne discuterai pas davantage la question du four de Saint-Denis de Champhol (1101-1129). Qu'on veuille bien, dans le cas où on s'intéresserait sérieusement au débat, relire l'acte du cartulaire de Saint-Père de Chartres, objet de ce petit problème, ou même qu'on se contente de l'analyse consciencieuse qu'en donne M. Thévenin; qu'on accepte enfin, si on le juge à propos, les diverses hypothèses que M. Thévenin ajoute à son analyse et place scrupuleusement entre parenthèses : cela fait, qu'on se prononce, après réflexion. Qui donc admettra jamais, avec M. Thévenin, « que rien ne rappelle ici l'idée de com« munauté? » Quoi! il n'est pas commun, ce fournier, élu par les villageois? Répondre « il ne l'est pas » serait faire preuve assurément d'un genre d'esprit non commun, d'une façon de penser et de parler non communs.

réponse un cadre d'une extrême simplicité ; néanmoins, je voudrais, en finissant, signaler au lecteur quelques-unes des difficultés du sujet :

On peut dire de notre histoire qu'entre la période germanique et le réveil du xi° et du xii° siècle, le peuple disparaît pour ainsi dire, caché sous un épais manteau aristocratique ; durant cette période, je ne suis pas facilement l'histoire des moulins communs. J'aurai peut-être l'occasion de dire un jour ce que je crois en apercevoir pendant ces siècles obscurs dont l'étude est si difficile ; mais la question se rattache à un problème délicat d'histoire et de diplomatique que je ne traiterai pas ici. Quant aux fours communs, il convient de faire remarquer qu'ils ne sont pas cités comme tels dans les lois barbares ; l'une d'elles toutefois mentionne les fours ; ce qui a échappé à l'attention de M. Thévenin. Avec un peu de réflexion, on sent bien vite que le four commun du moyen âge n'a pas pu surgir tout à coup et se substituer à l'industrie privée. Au reste, quiconque connaît le régime de la boulangerie dans les derniers temps de l'empire romain est bien préparé à la notion du four et du fournier commun ou communal.

La thèse à laquelle je m'attache se heurte à des difficultés bien moindres que les systèmes contraires.

Ces thèses contraires peuvent se ramener à trois types :

1° La thèse de M. Thévenin, suivant lequel il n'y aurait jamais eu de moulins et de fours communs. A cette thèse, des faits patents et incontestés s'opposent directement et invinciblement.

2° Une thèse moins absolue, suivant laquelle la communauté des moulins et des fours ferait sa première apparition au moyen âge.

3° Une thèse moins absolue encore, mais plus compliquée, suivant laquelle la communauté des moulins se montrerait aux temps barbares[1], disparaîtrait ensuite et reparaîtrait au moyen âge.

Je n'ai pas à combattre ces deux dernières thèses qui n'ont pas été soutenues et que j'indique ici pour la première fois ; mais je pourrai être utile à certains esprits difficiles, en leur disant que, si je voulais critiquer ma propre opinion, c'est évidemment la seconde ou la troisième thèse que je m'efforcerais de soutenir : je reconnaîtrais donc tout d'abord le fait considérable qui a été nié par M. Thévenin ; ce fait admis, j'essaierais de faire sentir comment une sorte

---

1. On interpréterait ici, comme moi, la loi des Bavarois et la loi des Wisigoths : on tiendrait compte volontiers d'un texte du vi° siècle ou environ qui n'intéresse probablement pas le monde latin, mais qui est fort instructif et ne saurait être négligé pour l'étude de la question parmi les races indo-germaniques.

de collectivisme a pu se substituer sur une foule de points à un régime économique qui n'avait rien d'analogue. Ici, probablement, je ferais un grand usage du mouvement communal et de l'arrivée des serfs à la liberté. Ces considérations ne doivent pas, en effet, être complètement étrangères à la question, elles peuvent expliquer certains faits isolés. En les faisant valoir seules, on se tromperait, à mon avis, et on arriverait à une solution fausse. Toutefois, c'est dans cette direction qu'un critique ingénieux pourra chercher à me prendre en défaut; ce ne sera jamais en attaquant de front, comme l'a fait M. Thévenin, l'existence des fours et des moulins communs.

Tout en combattant mes vues sur les moulins et sur les fours, M. Thévenin m'apprend, dans une note, qu'il a renversé, à son cours, la théorie que sir Henry Sumner Maine, M. de Laveleye et moi-même nous professons sur les origines de la propriété immobilière (il aurait pu ajouter à ces noms, et en tête de ces noms, celui de Ch. Giraud); j'ai le tort de ne pas suivre cet excellent cours de M. Thévenin qui me serait toujours très utile et très profitable, alors même que je ne me laisserais pas entièrement gagner aux idées du professeur. Toutefois, si la théorie développée, en 1838, par Ch. Giraud, plus tard par sir Henry Sumner Maine, par M. de Laveleye et par moi-même n'a pas reçu de coups plus dangereux que ceux qui viennent d'être portés à la doctrine de la communauté des moulins et des fours, il est supposable que cette notion scientifique pourra résister et survivre aux travaux de M. Thévenin. Comme toute idée féconde et puissante, la théorie de la communauté primitive est ancienne. Ceux qui ont le plus contribué à la mettre en relief, à la dégager, à la propager ne connaissaient pas, au début de leurs études, les travaux de tous leurs devanciers. Cette théorie n'a pas été *trouvée* un jour : depuis longtemps elle n'a été que *retrouvée*. J'ai lieu de croire qu'elle a pris définitivement possession du domaine scientifique.

Mais je n'insiste pas : je ne veux pas développer des considérations qui m'entraîneraient très loin et qui ne sont pas indispensables. L'histoire du caractère collectif des premières propriétés immobilières m'occupe depuis bien des années, et je dois ici exercer quelque empire sur moi-même pour éviter les longues conversations, quelque agréables qu'elles soient toujours pour moi, tout particulièrement quand je rencontre un adversaire aussi loyal, aussi savant et aussi courtois que M. Thévenin.

Je me résume à mon tour :

Le fait que certains fours et certains moulins ont appartenu au moyen âge à des communautés ne saurait être contesté un moment :

Il est trop patent pour être resté ignoré[1], et je m'étonne que les recherches de M. Thévenin, d'ailleurs très consciencieuses et approfondies quoiqu'incomplètes et probablement hâtives, aient pu, en cette rencontre, le conduire à des conclusions aussi directement contraires à la vérité historique; mais il est difficile, je le sais, de connaître tous les textes et les meilleurs travailleurs sont toujours en danger d'émettre quelque contre-vérité.

Si M. Thévenin s'est trompé aujourd'hui, c'est lui qui, demain, me remettra sur la voie; et, ce jour-là, je recueillerai tout le profit du débat, car, dans nos luttes scientifiques, le battu gagne à sa défaite une vérité nouvelle ou est débarrassé d'une erreur.

---

1. Cf. Gengler, *Deutsche Stadtrechts-Alterthümer*, Erlangen, 1882, p. 233-234; Oliver, *Historia del derecho in Cataluña, Mallorca y Valencia.* Madrid, 1878, t. II, p. 217. (Il ne s'agit ici que des fours.) Cf., pour l'époque germanique, J. Flach, *Les origines de l'ancienne France, le régime seigneurial*, I, p. 377, note 1.

Nogent-le-Rotrou, imprimerie DAUPELEY-GOUVERNEUR.